怪力亂神50問

學佛入門Q&A

法鼓文化編輯部　編著

〈導讀〉
發願生信心

由於民間信仰已深植中國傳統文化，所以初學佛者常會被民俗所困擾，不知應和家人隨順民俗，或是要勸導破解迷信。而當修行遇到了挫折，也不時考驗學佛信心。如果信心不堅定，可能就會開始產生疑惑，讓怪力亂神的想法有機可乘。

決定出家的前一年，我便遇到奇妙的現象，原本身體健康，加班再晚都不疲倦，在當時，身體卻突然每況愈下，不但看遍醫生藥石罔效，健康檢查也都找不到病因。雖然病到走投無路，卻從未對佛法退失信心，持續每天做早晚課，更堅定出家、奉獻三寶的願心。後來出現貴人，說我是業障病，提點我要拜八十八佛，我每日拖著虛弱的身體，至誠懇切懺悔、禮拜，不久便遇到傳奇名醫，竟用只花十元抓的草藥就治癒了。

除非是天生善根深厚者，很少人學佛沒有業障，但如何知道是否遇到業障呢？所有障礙修行的因緣，讓人因而無法親近正信道場，都是業障。而怪力亂神、附佛外道的可怕之處，便是讓人不知自己所學非正法，甚至誤以為自己沒有業障，以為自己修行修得很好。附佛外道的邪知、邪見讓人沉淪生死，以苦為樂，只有佛法的正知、正見、正行，能讓人解脫生死，離苦得樂。

很多人迷信怪力亂神，是因為害怕逆境，希望能借用鬼神力量擺脫困厄，甚至還可以求財得財，求平安得平安，卻不知這是妄求、非法求。其實，要視逆境為修行的助緣，進一步要感恩逆境。因為人只有處於逆境中，才會思索突破之道，精進奮發不懈怠。

轉迷信爲正信的根本之道，在於建立正確知見，知見不正確便無法迷途知返，脫離不了怪力亂神。無論面對人生逆境或修行業障，最有效的處理方式是拜懺與服勞役。拜懺是承認自己的錯誤，以慚愧懺悔心改變自己的習氣。服勞役則是透過爲大眾服務來培養福報。有福報才有因緣修行、消業障，消業障才能開智慧，聞法入心。

當人迷信怪力亂神，不信因緣、因果，反信邪說，其實是欲速則不達，障礙自己的修行道路。我的母親天生體質敏感，只要看到喪家，身體即很容易不舒服。臺灣在發生九二一大地震時，她卻主動拜託我帶著她爲罹難者幫忙助念，當時我心想，母親如何承受得起這麼多亡靈，結果她慈悲爲人念佛的心，竟然讓她從此告別敏感體質。如同聖嚴法師說：「慈悲沒有敵人，智慧不起煩惱。」修行能助人把心打開，以一念慈悲代替胡思亂想，便不會自尋煩惱，也不會處處樹敵；也讓自己處在淨土之中了。

很多人雖然有因緣聽聞佛法，卻不一定眞實信受，可略分爲五種：第一種完全不相信；第二種半信半疑，因而失去學習的機會；第三種相信佛法，卻無修行動力；第四種相信佛法，卻不努力實踐；第五種則是相信佛法，也在生活中實踐，但修行卻不得力。

當然，也有善根深厚者，一聞佛法便深信不疑。如何培養自己的學佛善根呢？修行需要解行並重，「解」，即是要建立正確的佛法知見；「行」，即是要有行門功課，以及實踐、落實在生活中的修持。這些方法可從閱讀聖嚴法師的《正信的佛教》與《學佛群疑》入手，進而參與佛學課程，並參加共修活動。除了理解法義，也要發心服務奉獻，擔任義工，培福之外，也和眾生結清淨法緣，這樣便是「聽聞正法、親近善士」；若再進一步「如理思惟、依教奉行」，也就走在轉凡成聖的道路上了。

例如我母親原本認爲，不燒紙錢會被祖先降罪責怪，我便帶著她參加寺院共修。她發現所有蓮友都是以念佛、誦經迴向祖先，不燒紙錢也平安無事。而當她聽聞聖嚴法師開示，明白燒紙錢只會增加鬼道衆生的執著，要讓他們聽聞佛法才能眞正幫忙鬼道衆生心開意解，往生善道。由於有大善知識的開示，再加上實際的例子，讓她不再疑惑，此後，便不再燒紙錢了。

民間信仰爲他力信仰，借助神鬼力量；佛教則認爲要以自力來開發智慧和慈悲，並且相信只要依佛法的觀念和方法，信受奉行，人人都能成佛。附佛外道甚至迷信鬼神，讓人以爲不必努力就能一夜致富，如此不但不能提昇心性，反而加強煩惱無明。修行如果不改正自己的習氣，對人、對己都毫無益處。

面對怪力亂神種種邪說，如何對三寶堅定不移，相信自己能學佛成佛，決不退轉呢？我用的方法是「發願」，透過發願來堅定學佛的信心。例如我從小就個性內向、缺乏自信，卻發願學梵唄供養大眾，結果竟因此學會大部分法器，並能以梵唱的音聲供養大眾，也在僧團中擔任許多法會的領眾維那。

修學佛法而產生的信心，不但是深信三寶，而且也能對自己產生真正的自信。這種信心不是來自對鬼神超能力的盲信，而是透過修行實證而產生的力量，所以不論遇到任何境界現前，都能不放棄度化眾生、不放棄自己，堅信三寶，永不退轉。

釋常應

法鼓山護法總會監院

目次

2 不再疑神疑鬼

3 假神通不如真人通

4

信心堅定不迷路

1

正信學佛不迷信

Question 01

學佛是一種迷信嗎？

現代的科技社會，媒體傳播無遠弗屆，網路四通八達，照理來說，怪力亂神的宗教迷信，應是不堪一擊，能立刻被驗證粉碎。事實卻非如此，反而隨著傳媒科技的普及，吸納更爲龐大的信衆，甚至擴大爲全球無奇不有的現象。很多附佛外道也利用發達的科技網路，製造出滿天神佛、救世神話，神通特技讓人眼花撩亂，使得對佛教似懂非懂的一些人，誤以爲信佛教就是迷信的怪力亂神。

迷信的四大特徵

學佛是一種迷信嗎？聖嚴法師於《佛教入門》一書指出，「迷信」具有四項特徵：

1. 盲目崇拜：即人云亦云，聽說某人神通很靈，不經理性的思辨而趨之若鶩。

（吳瑞恩　攝）

就像有事時聽說找流氓比警察有效，但是後遺症可想而知。

2. 不合情理：違背因果原則，便是不合情理。例如，媚鬼賄神求橫財，或不擇手段，必然產生不好的結果，或受法律制裁，或身敗名裂，內心也不得平安。凡是不合情理，不論借神力、借鬼力，或借人力，因其不合乎因果的道理，都是迷信。

3. 似是而非：每個宗教都有自己的教理，有的說靠神力或加持力，凡信必靈驗，有的則說有病祛病，沒病消災……。對這種開出萬靈保單的宗教，諱而不談眞正原因，以似是而非的理論迷惑人，需要謹慎留意。

4. 邪正不分：鬼神現象所製造的迷信，邪正不分，是非標準與常人不同。鬼神通過靈媒、乩壇等工具，以勸人爲善的姿態誘人信從，一旦入門後，則是威脅利誘逼迫人，讓人身心不得自由。

正信的佛教

佛教的本質，並沒有正信和迷信的分別。所謂的正信，就是正確的信仰、正當的信誓、正軌的信解、正直的信行、眞正的信賴。因此，佛教信仰不會盲目崇拜，教義合乎因果，修持方法明確，方向光明遠大。

佛教被誤認爲是迷信的信仰，主因正信的佛教未能普及於中國，反而被混雜於民間信仰和風俗習慣，所以有非常多怪力亂神崇拜都被誤解爲是佛教，因此，只有推廣正信的佛教，才能破除迷信。

正信的宗教內容，應具備三個主要的條件：教義必須有永久性的、必須要普遍性的、必須是必然性的。換句話說，便是過去如此，現在如此，未來也必將如此，不會朝令夕改。任何宗教的教理，如果經不起這三個條件的考驗，便非正信，而是迷信。

迷信的怪力亂神，經不起時代考驗，曇花一現；經不起思想辯證，一戳即破。

佛教具有歷史悠久的背景、歷久常新的教理、適時適地的道德，擁有人間性、關懷性、理智性和超越性的宗教精神，因此，能夠普受信仰，與時俱進。

Question

02

正信佛教和迷信宗教有何不同？

所有的宗教信仰，最重要的就是信教的信心。

仰信、解信與證信

正信佛教與迷信宗教的信心層次不同，迷信是盲信，正信則有三種層次：

1. 仰信：仰信是因仰慕、敬仰、瞻仰而相信，對佛法深信不疑，相信佛菩薩的存在、相信佛所說的法、相信修行的方法，相信透過三寶的信仰和修持，能改變自己的人生，轉迷為悟。

2. 解信：解信是因明白、體會了佛法的道理而產生對佛法的信心，透過閱讀佛經，或是聽聞佛法開示，學習正確的知見，確信佛法道理契理契機，願信受奉行，從而建立佛教信仰的信心。

（釋常護　攝）

3. 證信：證信是因透過修行實證，體驗到佛法的妙處而生信心，證實佛法所說不虛。如何建立證信呢？首先要聽聞佛法，其次是如法修行，最後自然如實證悟。

正確的佛教信仰必須「解行並重」，以正確知見修行佛法，才能正信佛教。

證驗與靈驗

佛法如果不實修「證驗」，只停留在因感應而起的信心，很容易誤入怪力亂神的迷信而不自知。例如見到神蹟放光、顯靈，很可能改變信仰；或見到佛菩薩現身治病，很可能轉信附佛外道，最終反而變成對神佛的執著煩惱心。要以證信通過親身體驗，感受到學佛後身心變得更柔軟，待人接物更具智慧，生活變得更自在，得到種種佛法受用，才能不被怪力亂神動搖，產生眞正堅固的信心。

Question

03

如何不變成怪力亂神的附佛外道？

外道原本有兩種意思，一種是指「心外求道」，因佛法是向心內求法，稱爲內學，若心外求法，則是外道；另一種是指佛法之外的一切宗教哲學，也稱外教、外學、外法。

在佛陀時代，外道一詞並無褒貶的意思，只是將佛法與外道的界限分清。但在部派佛教時代有人學了外道法後，反而毀謗佛法、破壞佛法，使得佛教論師爲了守護正法必須「破外道」。後世人將持異見邪說者，稱爲「外道」或「附佛外道」，便帶有排斥之意。

勿把外道當成佛法

外道問題在於因爲不認識、無法分辨誰是外道，而把外道當成佛法，把佛法當成外道。所以，我們只要能清楚掌握佛法的原則，不顯異惑眾，不標新立異，更不去迷惑他人，就不用擔心自己可能變成怪力亂神的附佛外道，或是受到影響而不自覺。

以佛法的立場來看，外道可以分爲四類：

1. **佛法外的外道**：無視於佛法的存在，或是不知道佛法是什麼，只是傳播自己的信仰和思想。

2. **學佛法的外道**：是指修學佛法而不知佛法的根本原則。比方說「三法印」，意即諸行無常、諸法無我、涅槃寂靜的佛法三原則，學佛卻不通達佛理，只一味追求個人利益或貪求開悟解脫，落於有爲的層次。如依佛法的根本思想：諸佛皆以無爲法而證涅槃，有修有證、有求有得，都是有為的層次。

3. 破佛法的外道：指已有其他宗教或哲學思想背景，或曾學佛又接受其他宗教、哲學思想者，他們研究佛法的目的，在於取佛法之長，補自家不足，並用以批評佛法，達到破壞佛教目的。

4. 附佛法的外道：即附佛外道，他們有神鬼信仰和靈驗受用，卻沒有理論基礎、思想依據和歷史根源，必須假藉佛法當作靠山。因此，雖然也誦佛經、學禪修，甚至開設佛學課程，然而信仰與佛法完全相悖。

附佛外道魚目混珠

佛教是重視因果和因緣的「無神論」與「非唯物論」。違背因果，就成為唯物的無神論，成為投機取巧的僥倖論；不信因緣，就成為常見的唯神論。附佛外道的信仰，皆違背因果和因緣兩大原則，只是利用神鬼的力量，暫時解決現實問

（李蓉生　攝）

題，以吸引廣大群衆的崇拜，非從修持戒、定、慧，達到修福增慧的目的，從淨化心靈來解除煩惱，所以非眞正的佛法。

附佛外道有一共同點，即是創始人常會自稱教主，甚至說自己是神佛的化身或代言人。他們沒有歷史的傳承背景，而是透過神鬼感應、附身和乩壇降神，宣稱得到密法或無上法，並以速疾成就、消災增福等爲號召。他們非正統密宗，也非道教，自然更非佛教。即使引用佛經，甚至穿僧服，也不過是魚目混珠的民間信仰。

求法不貪速成，只要心時時與戒、定、慧三學相應，而不與貪、瞋、癡三毒相應，即使一時誤入附佛外道迷宮，也能很快走回佛道。

Question 04

眞的可以感應佛菩薩嗎？

感應，一般人都把它視爲是神祕、不合科學的經驗。因爲感應具有科學無法解釋的超自然現象，所以有人趨之若鶩，但也有人視爲迷信，而忌諱討論。

透過宗教找尋慰藉

一般人寄託於宗教，往往是希望透過宗教尋求慰藉。許多人發生重大而無法解決的問題時，會從佛教尋找答案，透過念佛、誦經、拜懺、持咒等，希望能與佛菩薩感應，化問題與困難於無形。衆生有所「感」，佛即有所「應」。當人們「如法」依願去求，能如願感應，這必有其感應的力量存在。祈求佛菩薩並非要他們爲我們解決問題，而是讓我們能更加清楚而做出對的選擇。所以，一定是如法求，亦即符合因果、因緣法則，才必然有求必應。例如生病時可以祈求佛菩薩，但非求

（釋常護　攝）

立即痊癒，從此不再生病，這是不合因果的，而應是希望自己能尋求到適合的醫師，找出病因，對症下藥；再加上自己的努力，調整身心與生活習慣，自然能恢復健康。

佛菩薩的悲願、加被力，雖然永遠顧念著衆生，但是如果衆生沒有自力，即自己沒有想要改善、轉變的眞切信願，以及自己努力累積智慧、福報的資糧，即使佛菩薩的願力無遠弗屆，也無能爲力。

自信信他，才能感應道交

因此，佛教不只要信佛菩薩，也要信自己。如果沒有自信心，只信佛菩薩是不行的，必須自信信他，才能「感應道交」。由相信自己的自力，提起向上的道心，再引發他力的感應，進而加強了自力的力量。自力與他力必然是相輔相成的，如此一來「自助而後天助」，就能在宗教上達到自我安慰感的昇華。

Question

05

如何用佛法確認自己迷不迷信？

學佛的目的，是為了將心性的苦、煩惱與迷惘，透過修行，轉為樂、解脫與徹悟，亦即所謂的「轉迷為悟」，所以不會迷信怪力亂神。然而，在面對種種似是而非的說法時，也可能執迷不悟。

真的相信三寶嗎？

這時候最重要的是回歸到對三寶的信心，例如可以問自己：

「既已皈依佛，是否真的相信佛，不迷信怪力亂神？

既已皈依法，是否真的相信法，不迷信非法邪說？

既已皈依僧，是否真的相信僧，不迷信偶像崇拜？」

如果眞實皈依佛，便不會求神拜鬼，不會接受通靈附身；如果眞實皈依法，便不會貪求常、樂、我、淨，誤信邪說；如果眞實皈依僧，便不會拜附佛外道爲師。假如對於附佛外道的著作、教師、修行方法心動，以爲修行能因此速成，那便是迷信。

而比迷信更可怕的是「邪信」，因爲迷信是一種無知的盲從，而邪信則是捨正法而修邪法，捨佛道而行邪道。

用三法印來印證

所謂的邪見，即與佛法正知見相左的觀念。何謂佛法的正知見？對世間、人生正確的知見、看法、原則，主要是建立在「三法印」，即諸行無常、諸法無我、涅槃寂靜：

1. 諸行無常：世間萬事萬物不會固定不變。諸行是指一切的現象。「無常」

是「常住」的相反詞，意指不斷生滅變化，遷流不息。一切現象皆由因緣而生，依生、住、異、滅四相，於剎那間生滅，無法常住不變，故稱爲無常。人類的世界不能超越成、住、壞、空變化；身體不能離開生、老、病、死變化；心理更是念念都在生、住、異、滅變化，均非永恆現象，所以是無常的。

2.諸法無我：一切現象沒有一個固定存在不變的個體。諸法與諸行相同，也是指一切的現象。「無我」即是「非我」、「沒有我」，沒有實在、永遠不變、獨立自存的主宰者。佛法將無我分爲「法無我」與「人無我」：人無我即是「我空」，生命是由五蘊假合而成，所以沒有眞實的生命主體。法無我即是「法空」，萬法皆依各種因緣條件而生，無單一、不變、主宰的自性。由於我們無法掌握任何事物，使之眞正屬於自己。因此，我們常把身心世界，當作自我來執著與認定，其實是一種幻覺，是一種假相，不是眞實。

3. 涅槃寂靜：世間萬物因不斷變化，沒有實在的個體，因此本質是空的。亦稱「涅槃寂滅」。涅槃意指吹滅煩惱之火，實證空性，即體悟世間萬物都是因緣生、因緣滅，沒有不變的自我，沒有煩惱生滅，是爲「涅槃」。能實證諸行無常、諸法無我，即能從煩惱得寂滅，是爲「寂滅」、「寂靜」。例如佛陀在菩提樹下成道時，雖然身體還在，但因爲煩惱已不再生滅，所以佛陀成道處就稱爲「寂滅道場」。

如何分辨自己是正信或邪信？修行是否合乎佛法原則，可用三法印來印證。正信的佛教，佛法的修行原則，必須合乎三法印的原則；實踐修行，則應以「戒、定、慧」三無漏學爲方針。戒是生活的規範，作用是保護身心不受汙染；能夠持戒清淨，便不易落入魔障；從持戒達到內心安定，進而產生無我的智慧。

如果修行不小心迷路，只要憶念佛、憶念法、憶念僧，相信佛、相信法、相信僧，就能走回佛道，不再徬徨無依。

Question

06

佛教徒相信祈禱的功能嗎？

佛教相信祈禱的功能，相信願力不可思議。

祈禱所得的靈驗

祈禱的原理，是以祈禱者的心力，由強烈的信念所產生的一種超自然的精神統一的定力，感應佛菩薩的大悲願力，當自己的定力、心力與佛菩薩的願力相應相接，便會產生不可思議的力量，即是祈禱所得的靈驗。例如祈禱觀音菩薩的靈驗故事，即常見於文字記載。

一旦皈依三寶成爲佛教徒，便能得到善神護法的守護，只要信念堅強，若遇到突發的變故，雖不臨時祈禱，也能逢凶化吉。因爲祈禱的功能，是由堅強的信念產生，所以信念堅強的人，就等於時刻都在祈禱的功能之中。

不迷信神力治百病

不過，佛教雖然深信祈禱的功能，祈禱非萬能，我們仍活在因果、因緣的法則之中。例如佛教徒生病時，會向佛菩薩虔誠祈禱，由於心力堅定，有時可感應身心的變化，例如身心喜悅，輕鬆沒負擔。但是，不能因此而不求診醫治，仍應循正規的醫療之途。

正信的佛教徒不會將祈禱當成是驅除病魔的巫術，迷信神力治百病。佛法主要是醫療眾生的「心病」，而醫藥則能治血肉之軀的「身病」。病痛難耐時，可以借助祈禱的力量，安定身心，但是仍必須就醫診療。

（李宛蓁　攝）

Question

07

佛法與魔法有何不同？

依據佛陀的教法而修持、實踐或實證，便是佛法。佛說：「一切法皆是佛法。」佛說魔法，魔法即成佛法；魔說佛法，佛法也就變成魔法。現代世界有很多附佛法外道，宣稱所說的是佛法，所教的是禪法，但是實際以佛法驗證他們的修行觀點和方法，卻非佛法。

佛法讓心清淨，魔法讓心煩惱

佛教將正確的修行觀念稱為「正知見」，正確的修行方法稱為「正行」，而正確的修行態度則是「正精進」。正知見，不同於不信因果的邪知見，一定符合因果法、因緣法，符合三法印：諸行無常、諸法無我、涅槃寂靜。正行，不同於迷惑人心的貪、瞋、癡邪知見，一定依戒、定、慧為方法。正精進，不同盲修瞎練的苦行，一定是不苦不樂中道行。

魔王波旬❶曾對佛說，當佛涅槃後，他一定要在末法時代破壞佛法。魔王要讓他的徒子徒孫混入僧寶，曲解經典，破壞戒律，以種種邪說，讓人入於邪見、邪法。因此，如有人說學佛不必持戒，不必讀經，只要捐錢做功德便能成佛；或說可以使用符咒或靈體附身，便可即刻開悟，這些引發人想要速成的貪、瞋、癡煩惱的說法，只會增強自我執著心，都是邪知見，皆是魔法。

正信佛教代代相傳

在修行過程中，特別是禪修，可能會有種種的身心反應。如果沒有修行老師的指導，沒有佛法的依據，把一時的身心現象當成是開悟聖境，便容易著魔道。因此，禪宗格外重視傳承，代代以心傳心，而戒律也強調戒體的師師相承。如果遇到魔境現前，身旁沒有明師可指導，應該以三法印來驗證是佛法或魔法，應該看看自己是起煩惱或開智慧，避免淪為魔王波旬的魔子魔孫。

❶魔王波旬之梵文為 pāpīyān，正確音譯為波旬，故誤寫為波旬，意譯為惡者。

Question 08

佛教如何看待靈異現象？

面對急速驟變的社會現象與自然環境，如果沒有正確的宗教信仰，就無法得知現在與過去之間的因果關係，不但對現在情況不了解，也對未來發展擔心不已，所以社會就出現種種靈異現象，並產生神格化人物的崇拜。

揭穿真相方知是假

事實上，對於展現靈異，爲人解說三世因緣並顯奇蹟的旁門左道，並非只有現在才有，古今中外的任何一個時代、任何一個地方都有這樣的人。只要是人心不安，需要安撫的時候，就會有如此的人物出現，回答人們所希望知道的事，並且似眞似幻地表現出一些異象，還會教人修行一些他所發明的方法，甚至會談論就如科學、哲學、佛學的大道理，以讓人信服不疑。

靈異現象與神格化人物在未被揭穿前，只要有人相信，很多人就信以爲眞，直到內幕爆發，主事者被告、被揭發，甚至需要接受法律制裁，團體解散，才知是假的。迷信的宗教現象就是如此，不清楚時以爲是眞的，了解之後方知是假的。

不可依賴靈異現象

站在佛教徒的立場，不可依賴靈異現象與盲目崇拜，應該要相信因果、因緣。因果就是在宇宙之中，任何事情的發生，必有其多因、多緣，如同佛法所說「因緣不可思議」，因、緣、果之間的關係是非常錯綜複雜的，我們的智慧不夠，所以無法透徹知曉，但只要明白六道輪迴之理，自己有幸生而爲人，就要把握人身修福修慧，至於靈異現象，都應看作幻境，不必理會，要活在當下。

（李蓉生　攝）

Question

09

要用科學解釋佛法才不迷信嗎？

佛教被誤解為迷信的一大原因，即是因為知識分子認為佛法不科學，充滿太多不可思議的現象，無法透過實驗證明其可信度。所謂的科學，是用分析、歸納的推理方式來觀察、解釋自然的現象，從理論而言，是屬於邏輯的範圍；從實用而言，是有系統的組織。能夠言之成理，屬於邏輯的科學；能有實際的功用，則是經驗的科學。

不迷信科學萬能

然而，科學本身是可信的嗎？科學研究總是日新月異，經常以新的理念，否定舊的觀點；以新的實驗，攻擊舊的成果，由此可知，科學並非可以確信不疑的眞理。同時，科學所能討論的所知範圍非常有限，很多科學家也不得不訴求於不可知的上帝或神的啓示，難怪科學家會稱科學之母是哲學，哲學之母是宗教，宗教才是宇宙的根源、人生的大本。科學家愛因斯坦讚歎佛教說：「佛學是一切眞正科學的原動力。」「如果世界上有一個宗教不但不與科學相違，而且每一次的科學新發現都能夠驗證它的觀點，這就是佛教。」

雖然可用科學實驗證明一些世間現象，卻不可迷信科學萬能。因爲科學所知的範圍，是有限的；佛法的修行功能，則是無限的。佛的福德無限、智慧無限，想用人類目前僅有的科學知識，推測佛菩薩的智慧力和神通力，如同以蠡測海、以管窺天。

以佛法解釋佛法

以科學名詞或研究理論，試著解釋佛經的名詞，或探討佛的所見所證，可以是一時的方便運用，但若要說研究結果，即是佛菩薩的境界，則絕對不可。解釋佛學，最正確的方式，還是以經解經，以佛法解釋佛法，勉強用科學解說，不但牽強附會，也易錯解佛法。至於有人以自己的第六感所見，假藉科學名詞來說明佛學上的奧妙現象，當然也有待商榷。所謂：「唯佛與佛，乃能知之。」諸佛菩薩的經驗世界，非我們所能捉摸，自然無法以有限的科學所知，來解說浩瀚佛海。

Question

10

佛教認爲有永恆不變的靈魂嗎？

佛教不認爲有永恆不變的靈魂，如果相信靈魂的實在，便非正信佛教徒。

靈魂不是鬼

除了唯物論者外，很多人都相信有永恆不變的靈魂，認爲人死後的靈魂便會受上帝或閻王的審判，爲善者上天堂，爲惡者下地獄。

中國民間信仰更對靈魂深信不疑，甚至誤以爲人死後的靈魂就是鬼，所以有很多怪力亂神的迷信信仰。其實，鬼是六道衆生之一，人死後不一定會變成鬼。

無我，何來靈魂？

佛教並無靈魂的觀念，因爲靈魂觀念是固定性的生命主體，不合於佛教緣生緣滅的無我、無常觀。佛教認爲沒有永恆不變的我，無論是想法、身體、環境，無時無刻不在變化之中，既然找不到永恆不變的我，如何找得到所謂的靈魂呢？

相較於其他宗教、民俗將靈魂看成生死之流的主體，大乘佛教是以第八識做爲連貫生命之流的主體。第八識的功能是儲藏，藏進去的是行爲影響心理而印入心田，稱爲「業因」或「種子」，搬出來的是心理促成行爲而感受行爲，稱爲「業果」或「現行」，不斷地因果循環，輪迴無數期的生命，構成了生命的連貫與生死相續。

佛教的第八識並不等於永恆不變的靈魂，因爲在日常生活中，不管是造善、造惡，第八識都不斷在變化中，明白此理，就會自勉、把握，人應藉由修行，來修戒、定、慧，提昇自己的人品，改過遷善，讓生命朝離苦得樂、了脫生死、超凡入聖的目標邁向。

因此，佛教否定靈魂的存在。

Question

11

怪力亂神問題多，不信教最平安？

面對層出不窮的怪力亂神所製造的社會問題，有的人會慶幸自己什麼神都不信，什麼宗教都不接觸，以爲不信教最平安。然而，大部分人信仰宗教的原因，正是爲了求平安。信仰未能保平安，主要原因往往是在於迷信，誤信了怪力亂神，如果選擇可信賴的正信宗教，即能使自己得到內心的平安，並找到生命的皈依處。

人生的變化無常，心靈如果沒有可以寄託之處，就會像漂泊的浮萍，無處可安心。爲何信仰宗教能讓人得到平安呢？因爲宗教會提供生命的答案，亦即生從何來？死往何方？讓人對於生死不徬徨，對於生命價值能肯定，自然安身立命得平安。

（李蓉生　攝）

信仰是人生的歸宿

正確的宗教信仰不同於怪力亂神的盲信，僅有信仰是不夠的，應還要有宗教的生活和宗教的修養。不但要相信自己所信仰的生命實相和人生道理，還要成爲一種生活態度和哲學，也是人生的終極皈依處。

宗教的信仰能讓人：

1. **不畏懼死亡**：因了知生命的本質和目的，可以幫助人坦然面對死亡、接受死亡。
2. **人生有歸屬**：人生有歸屬感，就能找到生命的動力，清楚自己要做什麼，必須往哪個方向走，不會茫然度日。
3. **生命有價值**：付出生命的動力，確信人生的意義，轉變成生命的價值。
4. **宗教的修養**：依照宗教信仰認眞生活和修行，能培養出具有宗教情操的淨化心靈。

例如信仰佛教，可以讓人找到人生的方向、生命的意義。佛教主張衆生皆有佛性，皆能成佛，並提供具體可行的學佛方法。佛教認爲一期的人生是有限的，而生命是無盡的。人既然出生，就不可能不離開世間，所以人的一生是有限的，可是在每一生一世中，皆是在行菩薩道，直到成佛爲止，都會再回到人間來廣度衆生；所以人生雖然有限，生命卻是無盡。而在無盡的生命中奉獻自己成就衆生，這就是修行的菩薩法門。因此，佛教徒會透過修行不斷自我成長，福慧雙修，對自己的現在認眞負責，對自己的未來滿懷希望。

生命有歸宿才能平安

一個人如果不清楚生命的意義，便找不到努力的方向，面對重重生活壓力，難免感到茫然無助。有宗教信仰和沒有宗教信仰的人，一旦到了老年階段，生活差異就會變得明顯。有信仰的人因爲生命有歸宿，所以能安心面對死亡，甚至預做準備以自在告別；沒有信仰的人因不知死往何去，容易擔驚受怕，甚至可能臨老才求神問卜，反而變得更迷信。

沒有信仰的人生死兩茫然，生命難有著力點，身心不易平安。最好能建立正確的宗教信仰，讓精神有所寄託，情緒得到穩定，不但病痛來襲時，能得到支持的力量，也能泰然面對自己與親友的終老問題。有宗教信仰的人，對生活能知足常樂，對生、老、病、死能自在看待，透過信仰與修行，圓滿人生旅程。

Question 12

爲何要老實修行，不被怪力亂神迷惑？

聖嚴法師曾說：「學佛的人，目的不在神通感應，老實腳踏實地修行，才是最可靠的。」不論是見異光、舌生蓮花，或是祈願實現等種種感應靈驗，學佛人都應該當作只是修行路上的一個風景，或是繼續精進的一種鼓勵，感應要能讓自己對諸佛菩薩生起更大的信心，也對自己的修行之路產生自信，才是感應眞正的意義，也唯有如此看待感應，這樣的神祕經驗才不致流於迷信。

倘若修行是爲了追求感應的神祕經驗，會使得強調「我感應到」的我執加重，容易誤信怪力亂神，完全背離了佛陀的教法。將感應視爲信仰的鼓勵，自信信他，實修實證，才能與佛菩薩「感應道交」，獲得勇氣繼續邁向眞正的目標——精進不放逸的修行。

（李蓉生　攝）

2

不再疑神疑鬼

Question

13

信佛和信鬼神有何不同？

中國人信佛，往往是神佛不分的，但是嚴格說來，神佛不分的佛教徒，其實不是佛教徒，而是神教徒。只是信衆本身，不但不會否認自己信的是佛，而且可能「逢廟就拜」、「逢佛必求」，不論拜的是神、是佛，都認爲多拜多保佑。

真實皈依三寶

信佛和信鬼神最大的不同，在於眞實皈依佛、法、僧三寶。只有皈依了三寶，才是眞正的佛教徒。

「佛寶」是指修行圓滿者，所以過去、未來、現在的三世十方諸佛，都是皈敬的對象，但在人類世界成佛的，目前只有釋迦牟尼佛一人。「法寶」則是指修

（李蓉生　攝）

行成佛的方法和道理，經、律、論三藏教典與佛教祖師們的作品，都是指導修行的準則。而「僧寶」是出家的僧團，能引領正確修行的方向。

佛教徒又稱三寶弟子，以信佛、學法、敬僧為人生的依止，如同聖嚴法師所說：「僧寶是老師，法寶是教材，佛寶是發明及發現教材的過來人。唯有三寶齊備，才是完整的佛教；否則僅信三寶之中的佛寶，那和盲目地迷信神鬼無異；僅信三寶中的法寶，則和一般的學者研究學問無異；僅信僧寶，則和普通人認乾爹、拜乾娘相似，那就不是佛教。」

不崇拜鬼神

三寶弟子不會迷信鬼神，因為〈三皈依〉中明確規定：

1. 盡形壽皈依佛，不皈依天魔外道。
2. 盡形壽皈依法，不皈依外道邪說。

3.盡形壽皈依僧，不皈依外道邪衆。

既然不得皈依外道，自然不會崇拜外道鬼神。因此，不清楚佛教教理的人，誤以爲拜神求鬼是佛教的迷信，其實眞正皈依三寶的人，除了禮拜佛菩薩與供養護法善神，藉由佛法提昇自我，並不會崇信鬼神外力。

Question

14

鬼和神如何區分？

鬼神道的民間信仰，從佛教的觀點來看，民間所謂的「神」，其實就是有福報的鬼。

鬼道衆生分爲無財、少財、多財三等。無財無福是飽受飢苦的餓鬼；少財少力的是依附草木的鬼神；多財大福的是自由大力的鬼神。不自由的鬼，則是地獄道衆生。因此，鬼是通於神與地獄的。

當方土地當方靈

民間所祭拜的「神」，其實是有福德、有能力、行動自由的鬼；由於他們生前曾經行善，種下很大的福報，死後就變成有福報的鬼。福報大的鬼神，行動的

（吳瑞恩　攝）

範圍相當大，中國鬼可以去美國，美國鬼也可以來臺灣。由於福報大的鬼神具有一些神通力，所以要去哪裡就能去哪裡，來去自由。但是福報較差的鬼神，則只能固定在一個地方活動，所以也只能在當地靈驗，這便是「當方土地當方靈」。

難以脫身的黑社會

鬼神確實有一些福德與神力，所以經常爲人所崇拜，請求賜福或幫忙驅邪逐惡。但是多數鬼神是善惡不分、邪正不定，即使有少數正直善良，但鬼道眾生瞋心重、好凶殺，以致他們的行爲總是多惡少善，如同人間的黑社會，接受了恭敬供奉，卻不一定能爲人帶來幸福，甚至如果得罪他們，還會帶來可怕的災禍，所以正信的佛教徒不應拜神求鬼。

Question 15

佛教護法神到底是神還是鬼？

佛教的神，通常是在天與鬼之間，具有大福的鬼便是神，天的扈從也往往是神。在佛經中常提到的八部鬼神為：天神、龍神、夜叉（飛空鬼）神、乾闥婆（天音樂）神、阿修羅神、迦樓羅（金翅鳥）神、緊那羅（天歌唱）神、摩睺羅迦（大蟒）神。

善神為佛教護法

八部鬼神善惡皆有，善者通常是受佛教的感化，而願為佛教護法。因此，正信的佛教徒，並不崇拜神鬼，僅對神鬼保持若干程度的禮遇。一個正信的佛教徒不應崇拜神鬼，因為祈求鬼神是使用他力，與佛法重視的自力解脫是不相應的。佛教徒如不用功修行，反而求神拜鬼，鬼神不但無法協助護法，反而可能更加深

（吳瑞恩　攝）

他們的無明煩惱，變成了魔障。

皈依三寶即得護法神保護

此外，善神都會自動護持皈依三寶的人，所以也不敢接受佛弟子的崇拜，正因爲有了善神的護持，惡神、惡鬼也不敢戲弄或侵犯佛教徒。

Question

16

佛教相信有天堂和地獄嗎？

佛教相信天堂與地獄的存在，因爲天堂與地獄，都在生死範圍的輪迴之中。只要不解脫生死輪迴，人人都可能經驗到天堂與地獄。行善生天堂，造惡下地獄。受完苦報的地獄衆生，也可生天堂；而享盡福報的天堂衆生，也會下地獄。

佛教的天堂與地獄

因此，佛教相信，天堂雖好，非究竟樂土，地獄雖苦，終有出離之日。同時，由於所修善業的不等，天堂也有等次，由於所造惡業的輕重，地獄也分層級。

佛教所說的天堂，共分三界二十八天。三界包括六層欲界天、十八層色界天、四層無色界天。佛教所說的地獄，共分三大類：根本地獄、近邊地獄、孤獨地

（李蓉生　攝）

獄，佛經常說的地獄是指根本地獄。依照各人所犯罪業的差別等次，到應到的地獄中去受報。

一般人以為下地獄是由鬼差獄卒捉拿，上天堂則是由天使迎接升天。佛教則認為無論生天堂或下地獄，都是由於各自的業力所感，業力傾向天堂就生天界享福，業力傾向地獄便下地獄受苦。

地獄、天堂一念間

其實，在我們每一天的生活，隨時都能體驗到上天堂、下地獄的感受。只要起了煩惱心，驚嚇恐懼、痛不欲生，就如同在地獄受折磨。地獄、天堂皆出於自心，天堂、地獄不在任何一個方位區域，就在我們內心的方寸之間。只要一念覺悟，不被煩惱困住，即能遠離地獄。

Question 17

爲什麼往生親人會託夢？變鬼了嗎？

從佛教的觀點來看，天道的衆生因享受天福，不會來託夢；已投生到人道、畜生道者，也不可能來託夢；地獄道衆生受困於地獄，沒有行動的自由，更是無法前來託夢。

往生親人困在鬼道

因此，會有死後託夢或感應狀況的，通常是和我們特別有因緣的鬼道衆生，所以託夢的往生親人，可能困在鬼道，未能往生善道。

做夢有很多原因，但就佛法的觀點來講，不管是什麼夢境，夢就是夢，不必太在意。尤其人生如夢，夢裡發生的事，更是夢中夢。

勸請放下執著

但我們往往難以放下執著，尤其對於過世不久的親人，有可能會夢見親友傳遞一些訊息，希望能幫他處理一些未完成的事，或是代燒紙錢、紙衣。遇到這種狀況，應該提起正念，勸請已死亡的親友放下執著，並且念佛、誦經，開導、祝福他們，願他們投往善道、往生佛國淨土，這才是健康、正確的心態與作法。

Question

18

佛教如何解釋「卡到陰」？

正常人都會害怕「卡到陰」，但是到底是不是真的被鬼跟，或是自己心中有鬼，其實很難確定。

心中有鬼

明明看不到鬼影，也聽不到鬼話，如何確信自己撞到鬼呢？通常多半是自己心裡有鬼，甚至自己的心就是鬼的心。有的人對鬼神感到膽怯，是因行爲不光明磊落，總是疑神疑鬼、鬼鬼祟祟。如果自己的想法、行爲堂堂正正，心中有佛、有菩薩，那麼在任何地方都不用怕鬼。

心中有佛

有的人幫忙助念或參加喪禮後身體不適，便認為是被「沖煞」了。其實這是人云亦云的說法，並沒有這樣的事。因為所謂的助念，是為亡者念阿彌陀佛祝福他，是送他到西方極樂世界。這樣只會「遇到佛」，哪會「卡到陰」呢？

聖嚴法師曾說：「助念時，一來就看到一尊佛，這是送一尊佛、大菩薩到極樂世界去，功德無量。」如果能以這樣的心態來面對，你的心必能與佛心心相印，一定平安吉祥！

（李蓉生　攝）

Question

19

遇到鬼擋牆怎麼辦？

很多人都有過這樣的經驗，明明知道出路在哪裡，卻一直原地打轉，彷彿遇到鬼砌牆擋住路，始終走不出去，讓人心裡發寒。通常容易發生的迷路地點，都是在墳場附近或荒郊野外，有時是一人，有時可能是一群人。這種情況被稱爲鬼擋牆，或是鬼打牆、鬼砌牆。

念佛安心

既然走不出去，不妨就停下來休息。始終原地轉圈有可能是因爲身體與頭腦都疲倦了，也可能眞的是遇到鬼捉弄人。由於在發生的當下，無法判斷是什麼原因造成，也不可能與鬼交談，最好的方式就是不再猜想，直接靜坐休息，放鬆身心，恢復精神。

然後，可以開始念佛。念佛的原因不是爲了驅趕鬼魂，而是爲了感化與超度，當他聽到佛號時，也會發起慈悲心，不再擋路，讓你離開。而且，在念佛時，自己的心也會比較安定不徬徨。

日常生活也會鬼擋牆

不只走路、開車會遇到鬼擋牆，在日常生活裡也會遇到。例如有時會覺得前途茫茫，不知該向南、向北或向東、向西，找不到出路；或是想法一時卡住，頭腦一片空白，想不出解決的方法；或是莫名其妙悶悶不樂，精神不振，醫生看診都找不出原因，整個人彷彿陷入迷霧裡一樣。

遇到這種彷彿走投無路的情況，最好的方法也是將心回到當下，找到安心的方法，吃飯時就專心吃飯，走路時就專心走路。不要胡思亂想，以免疑心生暗鬼，自己嚇自己。再漫長的黑夜，總會有天亮的時候，心能夠自在，到處都好。

Question

20

眞的有嬰靈嗎？嬰靈會向父母報復嗎？

中國民間流行著一種嬰靈信仰的傳說，所謂嬰靈，包括人工流產、胎死腹中，或出生不久即夭折的嬰兒神識。據說，如果不予超度，他們便會以種種方式危害人，造成家庭不安。這種怪力亂神說法，讓不得不選擇人工流產，或面臨嬰兒夭折傷痛的父母，內心蒙上陰影，影響正常家庭生活。

假嬰靈真斂財

一些投機取巧的人，宣稱能以某種法術爲人做超度，解決嬰靈作祟的問題，而以此斂財。其實，如同聖嚴法師於〈嬰靈作祟之說有根據嗎？〉一文所說，嬰兒逝世後，不但在中陰身階段無力尋仇報復，經過四十九天後，也早已轉生他道，不會一直保持嬰兒身形。死胎與死嬰即使眞的進入鬼道，也易接受感應和感

（釋常護　攝）

化，不應將他們當成凶神惡鬼看待。

超度所有眾生往生佛國

佛教沒有專爲胎兒或嬰兒的亡靈，特設一種超度法門之說，佛教認爲不論嬰兒或成人驟逝，親屬皆應立即爲亡者設供超度，以供養三寶的功德，爲亡者祈福以超生善道，往生佛國。

Question

21

可以打手印降魔驅鬼嗎？

很多人誤以爲遇到鬼怪，就要誦經念佛，或是持咒打手印，以降魔驅鬼，這樣的作法只會增加群魔衆鬼的瞋恨。

不應傷害眾生

一心對付鬼神的結果，可能會惹來更多麻煩。念佛不能將佛號當成子彈攻擊鬼，持咒也不應將咒語視同繩索綑綁魔，更何況是打手印呢？像這樣以對立、驅趕、傷害衆生的心，很難與佛菩薩的心相應，如何感得護法神保護呢？

六道皆是同修道友

不論來的是魔是鬼，我們的心都不應該因此受到影響而起對立、恐懼和煩

（釋常護　攝）

惱。我們可以念佛，要以清淨心、慈悲心來念佛，心存祝福他們前往善道，離苦得樂的態度；我們也可以持咒祝福，希望他們蒙佛護佑，成爲學佛的護法菩薩。

如此一來，沒有魔也沒有鬼，都是修學佛道的同學了。

Question

22

佛教如何看待妖怪？

妖怪，在佛法的定義中，就是「非人」，一般認爲是鬼道衆生，中國人常講的山精鬼怪或魑魅魍魎，也屬於這一類衆生。

鬼怪也會護法

山精鬼怪，通常是動物（畜生）在山中修行，經過很長一段時間——數十年甚至數百年後，變成精怪，身形可以自由變化，於是變成人的形貌到人間作祟，例如唐朝百丈禪師遇到野狐化身的老人、近代虛雲老和尚在南華寺勸靈通侍者戒酒等，都是閒神野鬼一類。他們如遇到精進學佛者，也會護持佛法。

至於「魑魅魍魎」，東漢張衡《西京賦》註解：「山神爲魑，虎形也；宅神爲

（李蓉生　攝）

魅，豬頭人形，身有尾；木石夭怪爲魍魎。」另有一說則認爲，魑是山神，獸形；魅爲怪物，魍魎者水神。不管形體如何，都屬於鬼神衆。

把握人身學佛

很多人因受到傳統小說或現代影片、漫畫影響，認爲遇到妖怪便應斬妖除魔，其實妖怪與人類一樣，都是飽受生死輪迴之苦的衆生。今日我們得生人道，如不把握人身學佛，來生說不定變成狐仙、貓靈等精怪，所以對於妖怪不應有傷害之心，而是祝福、祈願衆生皆成佛道。

Question

23

佛教如何看待鬼月？

農曆七月，很多人認爲是諸事不宜的鬼月，不能結婚、不能去海邊戲水、不能住院開刀，甚至吹口哨也會招引衆生，充滿種種怪力亂神的說法。但對佛教來說，這個月份是歡喜月、吉祥月。

歡喜月、吉祥月、教孝月

由於佛陀時代的印度夏天是雨季，不便外出托缽，所以佛陀制訂三個月的「結夏安居」，制定自四月十五日結夏，至七月十六日天亮後解夏，於此期間，僧衆必須安住一處不外出。佛陀在解夏日看到僧人精進修行而有成果，因此非常歡喜，因而解夏日便名爲「佛歡喜日」，七月也名爲「歡喜月」。護法龍天見到僧衆修行有成，皆大歡喜，因此帶來吉慶，消除人間災難，所以七月也是「吉祥月」。

佛教沒有七月鬼門開的說法，漢民族在中元節祭祀祖先，是對祖先感恩的表現，而佛教的盂蘭盆節也是孝順父母的表徵，所以現代佛教徒也稱農曆七月為「教孝月」。但是佛教在農曆七月舉行許多超度法會，讓社會大眾共同來參與正信而莊嚴的法會。

以佛法共修超度眾生

民俗對普度的觀念是安撫無主孤魂，而佛教則不只用佛法來開導淪為鬼道的怨親亡靈，讓其心開意解，度脫苦趣；更進一步將超度的意義放大，希望六道眾生都來修學佛法，普及一切有情。舉辦法會最重要的目的是，鼓勵大眾一同來共修，在法會莊嚴清涼的氣氛中，淨化身心。

（張繼高　攝）

Question

24 什麼是魔？

佛教所說的魔，可分為煩惱魔、五蘊魔、死魔和天魔。前三者我們稱為「內魔」，是身心和環境衝突或不平衡而產生的現象；天魔又稱「外魔」，此處所指的魔，應是「天魔」而言。

魔王波旬

天魔，是生活在欲界第六天「他化自在天」的天人，經常破壞人間的善事，他化自在天的天主，正是魔王「波旬」。天魔和一神教的宇宙創造神並行，有無限的大力，形相變化多端，可能以猙獰的面目出現，多半以仁善的形態現身，而天魔的目的，不論威脅或利誘，都是要人脫離正道而行邪法。

天魔也學佛

《大悲經．商主品第二》提到，波旬因為過去生供養辟支佛一缽飯的功德而得以成為天主，不過他經常以「相似正法」魚目混珠，破壞佛法、擾亂修行，所以佛陀在《大悲經》也指出，佛法滅盡後，波旬將因為歡喜佛法的毀滅，而直墮大阿鼻地獄，但波旬最終也因為感得苦果，憶念佛德，懺悔繼而生起淨信後脫離地獄，投生三十三天，最終修學佛法而證得無餘涅槃。

不只魔王波旬學佛，佛經中常可看到有許多魔眾皆來聞佛說法，雖然身形仍是魔身，但他們的魔心已變成佛心，隨佛修行，成為了佛教的護法者。

（釋常護　攝）

Question

25

舉頭三尺眞的有神明嗎？

在中國傳統民間觀念中，不只舉頭三尺有神明，神明其實是無所不在的。因人們有「舉頭三尺有神明」的觀念，善有善報、惡有惡報的道理深印人心，所以會以因果報應自我約束行爲。人們知道神明會賞善罰惡，做好事神知道，做壞事神也會知道，所以做事必須問心無愧。

修行方法鍛鍊心

透過畏天敬神的力量，大惡下地獄，上善升天堂，確實有勸人改惡向善，達到嚇阻與鼓勵的作用。宗教信仰的力量，在影響人心上，可能比純粹道德觀念或法律規範更具積極意義。但如果只是「神明在自己心中，做事但憑良心」的自我良心約束，還是不夠的。因爲我們有時不易明辨是非，也很難調伏自己的一時貪念與瞋心，最好還是透過宗教信仰的修行力量，幫助自己修養心性。我們的心充滿各種雜念，需要用修行的方法來鍛鍊心，才能讓心保持正念，不受情緒與誘惑影響。

對自己的行為負責

佛教徒具有因果觀與因緣觀的信仰，相信三世因果，所以會對自己的行爲負責，遇順境不驕傲，遭橫逆不失望，自己掌握自己的命運。佛教的信仰，不但能使人犯錯後改過遷善，平心靜氣地接受現實考驗，並能再接再勵地開創未來。

（鄧博仁　攝）

Question

26

可將身體借給神佛附身救人嗎？

不論靈體是知名鬼神或來自他方世界，不論附身目的是爲替人治病消災或拯救地球，都千萬不能接受，因爲一旦接受靈體附身，從此便不得自由了。

請神容易送神難

所謂「請神容易送神難」，一旦受神鬼力量的控制，失去自己的自由意志，輕者從外表來看仍如常人，重者則會異於常人，精神不穩、口出狂言。即使發覺誤入歧途而想抽身，也需要經歷一番煎熬與考驗，才能脫離控制和束縛。

修行的目的爲了解脫輪迴，生死自在，如果修行修到變成靈媒，身心爲鬼神操控，豈不本末倒置了？未出生死界的靈體，自身仍在六道輪迴中漂泊，即使能以神通、鬼通助人一時快樂，卻無法讓人解脫世間的種種痛苦。學佛者要用正常的方法，減少欲望、消除煩惱；看見執著、放下執著，即是一直朝向開發無我的智慧與平等的慈悲。如果使用不合因果的方法，身心必會常受鬼神干擾，甚至影響生活。

不做非分之想

如果不貪求神通、感應，不對修行做非分之想，就能避免招引靈體附身。修行者心無所求，放下自私心與執著心，以此態度修行，就能百邪不侵。

（鄧博仁　攝）

3

假神通不如真人通

Question 27

什麼是神通？

神通又稱神通力，或稱神力、通力，即依修禪定而得的無礙自在、超人間的、不可思議的作用。佛教承認有神通的事實，凡夫可得五通，出世聖人有六通，佛則有三明六通。

神通的種類

所謂五通：

1. 宿命通：能知過去世。
2. 天眼通：能知未來世及現在的遠處和細微處。
3. 他心通：能知他人的心念活動。
4. 天耳通：能聽到無遠弗屆的聲音。

5.神足通：能飛行自在，來無蹤、去無影，瞬息千里，取物如探囊等。

此五通由於功力的深淺，使得所達範圍的大小和保持時間的長短有所不同，是屬於有爲、有煩惱、有執著的，和解脫道無關。當然，也不是菩薩道，所以聖人必須另得「漏盡通」。

所謂漏盡，即去我執而證涅槃，即小乘佛教的阿羅漢，大乘佛教則是初地乃至七地以上的菩薩。唯有佛得「三明」，即六通之中的「天眼、宿命、漏盡」的三通稱爲「明」，那是因爲唯有佛的神通力，能究竟圓滿，是度衆生的方便，不是異能異術的表現。有些外道得到一些神鬼的感應，能差遣鬼神或被鬼神差遣，自以爲得到了三明六通，是非常危險的事。

勿迷信神通力

雖然佛教除了佛陀，歷代高僧具有神通者，不勝枚舉，但佛教是不強調神通的宗教。神通的作用，雖然能轟動一時，但不能影響及後世。神通力對於社會大衆來說，其實是弊多利少。

正信的佛教不輕易使用神通，尤其中國的禪宗祖師們，是不許使用的。佛教會使用神通的情況爲：一是即將去世，離開世間；二是遠行不返；三是有的人需要用神通才能產生信心，萬不得已做爲度化方便。

神通不能違背因果，如果強行違背因果的業力，不但使用神通者會爲自己招惹麻煩，也會讓生活脫軌、失序。

（張繼高　攝）

Question

28

可以懷疑佛菩薩嗎？

有的人在閱讀佛經時，看到經文所形容的佛菩薩世界與神通力，往往難以置信，甚至懷疑佛國淨土和佛菩薩只是虛構的神話傳說。因爲不但無法親自前往佛國淨土，也不曾親眼看過阿彌陀佛、藥師佛、彌勒佛，要如何相信佛經所說的內容呢？

我們信佛學佛的目的，是因爲被業障煩惱遮蔽住智慧心，無法解脫生死，無法如佛以清淨心看世界。佛菩薩具有無邊的神通力，可以於十方世界來去自在，不像我們人類受限於業報身，只能局限在人間活動。因此，我們被煩惱業力障礙住的身心世界，所見、所聞自然與佛菩薩不同，只能透過信仰力來相信與認識佛菩薩與佛國世界，進而學習佛菩薩發願與修行。

信仰、理論與修行並重

相信佛經所介紹的佛菩薩，不但能因深信而帶給我們信心力量，讓我們理解佛法義理，並能依此做爲修行的方向與方法。信仰、理論、修行三者並重，能讓我們確信修學佛道是生命意義所在，不會輕信怪力亂神，也不會遇到挫折就退轉，能夠用佛法智慧超越人生考驗。

例如當我們信仰觀音菩薩時，一定要有信心，才會產生心力。如果能學習與效法觀音菩薩修行，便能從受苦受難者轉爲救苦救難者。像是遇到大地震時，只要誠心念誦觀音菩薩聖號的佛教徒，即有立即安心的方法，能安定幫助自己與別人求生。

念觀音菩薩聖號確實能消災免難，即使遇到災難，因爲對觀音菩薩有信心，又能用方法修行，不會因災難而感到痛苦。信仰的力量，讓人深信觀音菩薩的慈

（李蓉生　攝）

悲力，能保護衆生不受傷害。理解經典與修行實踐佛法，讓人體會「照見五蘊皆空，度一切苦厄」，是眞實不虛。

不信佛如何學佛？

學佛最重要的是「信佛」，不信佛自然不會學佛，也不會皈依三寶成爲佛教徒。疑心會障礙修行，讓人福慧雙失，無法全心修行，所以佛法勸人必須斷疑生信。例如信仰阿彌陀佛，必須信、願、行兼備，如果因爲懷疑而不信佛、不修行，也不願意往生西方淨土，縱然阿彌陀佛的慈悲與願力再廣大，也無法接引無緣信受者。

「信力」能讓人對三寶堅信不壞，能破一切疑惑，不受邪信所迷。如同《華嚴經》所說：「信爲道元功德母，增長一切諸善法，除滅一切諸疑惑，示現開發無上道。」信心是進入佛道的根源，因此我們不能懷疑佛菩薩，要慚愧懺悔自己的業障，需要信佛、學法、敬僧，相信因果、因緣，福慧雙修，才能轉業力爲願力，恢復我們的清淨心，與佛同心同願。

Question

29

佛教的宇宙觀爲何？如何看待他方世界、飛碟？

佛教雖然不認爲有宇宙的創造神，但是肯定宇宙的存在，也不否定有他方世界與飛碟的存在。

何謂宇宙？古人說：「上下四方曰宇，往古來今曰宙。」所以宇宙就是無限時空中的一切事物。佛教的宇宙觀是「十方」、「三世」。十方，表空間的無邊廣大，以十個方位做無盡延伸；三世爲時間的無限長久，向過去、現在、未來的三個時段做無窮延伸。在此十方三世的無限宇宙之中，有無限的佛土世界與諸佛菩薩，遠比無盡無數的恆河沙數更多。

佛教的時間觀與空間觀

佛教的時間觀特色，除了「過去、現在、未來」的三世輪迴是不斷相續，並以「劫」來代表時間單位，佛經中所說的劫，分爲大劫、中劫和小劫。佛教的宇宙觀認爲宇宙是依著成、住、壞、空的過程，周而復始地變化。

古代印度以須彌山之說成立宇宙論，一個須彌山，即是一個小世界。一千個小世界，稱爲小千世界；一千個小千世界，稱爲中千世界；一千個中千世界，稱爲大千世界。一個大千世界包含小、中、大三種「千世界」，故大千世界又稱爲三千大千世界。宇宙即由無數個三千大千世界所構成，由此可見世界之廣大無邊。我們所在的大千世界總稱爲娑婆世界，所以尊稱佛陀爲「娑婆教主」。住在此世界的衆生，可分爲六道：地獄、餓鬼、畜生、阿修羅、人、天。

（李蓉生　攝）

人和宇宙世界

而在無邊無際的宇宙裡，誰能知覺時空的存在呢？主要是人類。佛教的人類宇宙觀包括五蘊、十二處、十八界，認爲人在宇宙之中可以解脫自在。

1. 五蘊：又稱五陰。蘊意指種類，即色蘊、受蘊、想蘊、行蘊、識蘊，是構成衆生生命的五大要素。

2. 十二處：又稱十二入。處意指生長，十二處即六根加六境。六根是眼根、耳根、鼻根、舌根、身根、意根，六境是色境、聲境、香境、味境、觸境、法境。

3. 十八界：界意指範圍、界限，十八界即六根界、六境界，加上六識界：眼識、耳識、鼻識、舌識、身識、意識。人類在一身之中，依著所依之識、所依之根與所緣之境等十八種類之法，覺知所處的宇宙世界。

佛教認爲構成宇宙的元素，其自性是空的，構成生命的元素，其自性也是空的，唯有空性才是永恆不變的眞理。所謂永恆，就是沒有開始也沒有終結；本來如此，就是宇宙和生命的實際情況。佛教相信宇宙情態的變化，生命過程的流轉，是由於衆生所造「業力」的結果。

宇宙之間，萬事萬物，每個現象都有其存在的原因。由於共業，所以我們感得同樣的果報，生於地球。因此，雖然他方世界與飛碟或許尚無法用科學觀點證明其存在，但在佛教的解釋，一切都是由於衆生的業力所感。

Question

30

開天眼等同開智慧嗎？

有人稱眼睛爲「智慧之門」、「靈魂之窗」，眼睛能夠明辨物象、增長知識。修行的層次愈高，眼睛作用的範圍愈廣。

五眼的眼力

佛教將眼力，從凡夫至佛位分爲五種，稱爲五眼：

1. 肉眼：肉身所具之眼。
2. 天眼：天人修禪定所得之眼，遠近、前後、內外、晝夜、上下，皆悉能見。
3. 慧眼：阿羅漢之眼，能洞察一切現象皆爲空相、定相，出生死輪迴。阿羅漢所具的慧眼是無我、無執的，不同於世間智慧的慧眼。
4. 法眼：即菩薩爲救度一切衆生，能照見一切法門之眼。菩薩的法眼能見萬法的本性，非法術之士所具有的法眼。

5.佛眼：具足前面四種眼力功能，此眼無事不見、無事不知、無事不聞，聞見互用，無所思惟，一切皆見，稱爲大圓覺或無上菩提。

阿羅漢離人我執、出三界，得慧眼；菩薩離法我執、證法身，得法眼。一些附佛外道說自己已得慧眼或法眼，其實可能連天眼皆不是，而只是氣脈運動的反射作用，或是得自鬼神的靈力而已。

天眼分為修得和報得

凡夫經由父母所生的肉眼，能見的距離、範圍相當有限，太小、太大、太遠、太近，均非肉眼所能見，太過黑暗或強烈光度，也非肉眼所能適應。如果能得天眼，便能於物質世界中自在地觀察，而不受距離、體積、光度的限制。

（李蓉生　攝）

天眼有修得和報得的不同。一般的鬼神都有深淺程度不等的天眼，稱爲報得。爲鬼神所依附的靈媒，則是藉鬼神報得的天眼，而能見人所不能見的事物。對人類而言，修禪定或可得天眼，但禪定的目的卻不在於修得天眼，即使修得了天眼，也未必表示已入禪定。

具有天眼的人，能夠預知未來。天眼的能力愈強，能見的未來愈久遠，精確度也愈高。但是天眼並不可靠，世事變數太多，定數只是局部和短時間的現象，萬法因緣所生，緣變則變。只要因緣一變化，未來發展便非天眼的預期結果。

因此，開天眼並不等於開智慧，佛法不執著天眼，也不鼓勵人爲了使用天眼而修成天眼。

Question 31

特異功能有助於修行嗎？

有些人將神通稱爲「特異功能」，其實兩者並不完全相同，因爲神通是出於心的力量；而特異功能則屬於身體的力量。

無益於開智慧

如果將特異功能當成是得道、得大智慧的表徵，認爲奇人異士是超凡入聖者，修行容易誤入歧途。其實，得到特異功能不一定與開悟或開智慧有關。例如中國有一種奇門遁甲的符紙，焚化後服用或放在身上，即能產生神異的能力，但是這對開發智慧完全沒有幫助。或是有人練氣功可以練到爲人治病，甚至隔空看病，可是這也不等於智慧力。

（吳瑞恩　攝）

因此，修行不必羨慕飛天遁地的超能力，也不應追求特異功能，這些都是心外求法，無益於修心。如果日夜鑽研這些神功，不求解脫生死煩惱的「無我智慧」，反而是在浪費生命。畢竟擁有再厲害的特異功能，也無法得到不死之身，仍會在生死輪迴中流轉受苦。

平常心是道

中國禪宗的智慧，不以神祕經驗的特異功能取勝，反以「平常心是道」爲生活態度。特異功能容易增強人執著的得失心，無法讓人以平常心看待一切順境、逆境，讓自己從中得到成長。因此，修行應以平常心做平常人，最爲可靠。

Question

32

佛陀擁有不可思議神通力，到底是神還是人？

信仰佛教的人，必須了解佛陀不是人格的神，也非創造宇宙者。佛教對於佛陀的定義，狹義是指釋迦牟尼佛，又稱佛陀、世尊，廣義是指自覺覺他圓滿的覺悟眞理者。佛陀是由人完成的，如能依照佛陀所說的修行方法切實實踐，便是走在成佛之道上了。

由人成道的佛陀

釋迦牟尼佛既有肉身，所以他是眞實的歷史人物。釋迦牟尼佛出生於印度的迦毘羅衛國，父親是淨飯王，佛陀是淨飯王的長子，故有繼承王位的資格。他的母親是摩耶夫人，然而在他出生僅僅一週之後，便去世了。因此，釋迦牟尼佛是在其母親的胞姊，也是姨母及父王的愛護之下，長大成人。在他未出家之前，大家都稱他爲悉達多太子。

他曾娶耶輸陀羅爲妻，並生下兒子羅睺羅，後因感受到生、老、病、死的無常，而決心出家參究眞理。經過六年苦行，體悟到修苦行並非解脫之道，便放棄苦行，獨自於菩提樹下修行，最後徹悟證道成佛，成爲大智慧的覺者。

人人皆可成佛

雖然成佛後能自由展現各種神通力，但佛陀不重視顯現神蹟，重視智慧的開發與度衆的悲心。「佛陀是已經覺悟的凡夫，凡夫則是尚未覺悟的佛陀」，凡聖雖有境界的不同，但在本質上，佛性是平等的。

凡人無法在人世間成爲神，但只要學習佛陀，透過佛法修行，人人皆有成佛的可能。

（李蓉生　攝）

Question

33

什麼是本尊與分身？

怪力亂神喜歡用宗教的神祕現象與佛教名相，以此吸引信衆追隨。本尊與分身便是其中一個讓人困惑的現象，有些人甚至會相互調侃說：「今天來的究竟是你的本尊，還是你的分身？」凡人眞的可以像觀音菩薩一樣化現三十二相，甚至有千手、千眼、千百億化身嗎？

一門深入，與本尊相應

在藏傳佛教的密教修法裡，修行時必須一門深入修某個法門，而此法門屬於某一尊佛或菩薩，便稱爲本尊。例如修紅觀音法門，即是以紅觀音爲本尊；如果修地藏法門，即是以地藏菩薩爲本尊，以本尊修行，要修得與本尊相應。因此修行時，自己變成了本尊的一個化現，好像自己就進入本尊，本尊進入他自己，之後，自己與本尊合而爲一。

從佛教修行來說，觀想自己是佛，能轉化自己的煩惱習氣，而當觀想成功，練習成功，佛的心就是自己的心，自己的心就是佛的心，即是與修行本尊相應、相和。

化身即代表本尊

分身是從本尊，即是從本人分出的一個身體。就如《西遊記》的孫悟空，拔一把毛一吹，每一根毛都變成一隻隻孫猴子，變出無數個孫悟空。

佛教只有「化身」的說法，沒有分身這一名詞。所謂的「分身乏術」一說，狀似只要會分身術，就能變化出許多個自己，代替本尊去做事。其實這是有神通的人，能以神通在不同的地方同時出現，這不稱爲分身，而是化身，是以神通力

（李蓉生　攝）

化現的身體。

追求神通的化身，不如勉勵自己成爲代佛弘法的法子，用佛菩薩的精神來推廣佛法。因此，與其追求神通境界，不如積極建設人間淨土，造福人群。

Question 34

佛壇和神壇有何不同？

佛壇是安置佛像的壇座，爲寺院或居士在家中設置的佛龕，以禮敬佛菩薩修學佛法之處。神壇爲安置神像的壇座，爲民間信仰者私設供奉神明之處，提供民衆膜拜與活動的場所。

佛教是無神論者

由於神壇通常都是多神信仰，供奉許多不同的神明，甚至也會禮拜佛菩薩，所以很多人以爲佛壇與神壇是一樣的，都是爲了求神拜佛保平安而設。因此，分不清神佛有何不同，誤以爲去神壇拜拜或去佛壇禮佛都是信佛。

其實，佛教是無神論者，不認爲有一個宇宙的創造神或主宰神，認爲宇宙萬物的現象，是由衆生的共業所形成。因此，自然不可能會鼓勵多神的偶像崇拜。佛教徒禮拜佛菩薩像，是做爲修行的方便，以從中調柔自己的身心，生起感恩心、信願心。

神壇許願與佛壇發願

一般人到神壇都是「許願」，希望神明能以神力幫助自己滿願，例如得到好姻緣、陞官發財、重病痊癒、考試順利。佛教徒則是在佛壇前「發願」，如發〈四弘誓願〉：「衆生無邊誓願度，煩惱無盡誓願斷，法門無量誓願學，佛道無上誓願成。」人之所以生於世間，是爲了「受報」與「還願」，而透過發願的力量，能讓人不計得失、直下承擔，所以能歡喜承擔人生的責任。

神壇在傳統的社會裡，除了祭典信仰安定人心，並具有社會文化中心的功能，能促進鄉人團結互助，提供民俗醫療，保存民俗文物。然而，也正因爲神壇是聚眾場所，常以巫術、靈驗、神蹟、通靈等方式為人求神問卜，以消災解厄，所以在過程中有時會發生假借神蹟，詐財騙色的糾紛。

佛壇的信眾，或稱佛教道場的信仰者，透過信佛、學法、敬僧的正信力量改變自己，對佛菩薩沒有非分之想的祈求，只願大眾離苦得樂同成佛道，也因此自然遠離因人而起的種種錢財、感情紛爭。

（李宛蓁　攝）

Question

35

修行爲何要中道，不能苦行墮惡見？

修學佛法應該「解行並重」，如果觀念非正知正見，行爲偏執，非中道，而是外道方法，如此一來，無論如何用功都無法出離生死輪迴。因爲「行」可能著魔，「解」也可能墮入外道邪見。

樂行和苦行皆不能解脫生死

世間的修行方法，有樂行與苦行兩種。樂行者認爲人生在世間的目的，是爲享受而追求快樂，生而爲人的價值，是要享受色、聲、香、味、觸五欲。但是欲無止盡、欲壑難填，貪求快樂的結果只會帶來煩惱。

苦行者認爲要從煩惱得解脫，則要讓自己先受苦，以爲受夠苦後就得解脫。

佛陀時代有些苦行外道，或以灰塗身，或以荊棘加身；或二日、三日一食；或將身體埋於地下，或浸於水中，或每日數小時雙腳吊掛於樹。甚至有的人還受持牛戒、狗戒、雞戒、魚戒，認爲學這些動物行爲，可以生天。

然而，不只樂行不能解脫生死，苦行也是一樣，均非正道，亦非中道。中道是不苦也不樂，修行佛法既非貪求欲樂享受，但也不能自苦身心。苦行往往會被認爲是精進修行，但是佛說以苦爲因，得到的是苦的結果。煩惱是在心，並非讓身體受苦後，煩惱就會消失。因此，苦行屬於「戒禁取見」，即是以各種不如法的戒禁，誤認爲可以得解脫。

依八正道而行

修行要依八正道而行，因爲這是不苦不樂的中道修行方法，是眞正滅苦的道聖諦。八正道是八項正確的修行道路、方法，能讓人超越生死：

（吳瑞恩　攝）

1.正見：正確的知見和觀念，了知三法印、四聖諦、十二因緣等佛法觀念。
2.正思惟：正確的觀行方法、思考邏輯。
3.正語：不說對修行無益的話，只說對人、對己有益的話。
4.正業：不做對修行無益的行為，只做對修行有益的行為。
5.正命：以正當的方法、職業謀生。
6.正精進：用功努力成就戒、定、慧道業。
7.正念：攝心、制心，時時在清淨安定的念頭中。
8.正定：以正確的禪觀方法解脫生死。

八正道最重要的是正見，對修行有正確如法的認識，才不會誤走邪道。如遇到企圖魚目混珠的附佛外道，說他們修的是正信的佛教，也可以八正道做核對和確認。只要是行八正道，就可確信自己所行為佛道。

Question 36

要有宿命通才能知三世因果嗎？

一般人認爲，想要了解三世因果，必須藉宿命通知道過去，用天眼通知道未來，才能親見三世因果。其實，這是似是而非的觀念。

一切眾生，只要不出生死，都會在無窮盡的過去、現在、未來三世之中，不停地循環延續下去。因此，要透過神通和神鬼的力量去看過去世或未來世，所知非常有限。

現在的今生，就是未來的過去

佛法解決人對三世疑惑的方法，不是用神通和神鬼的力量告訴人過去和未來，而要告訴我們：「欲知前世因，今生受者是；欲知來世果，今生做者是。」現在的今生，就是未來的過去；現在的未來，就是未來的現在；現在的過去，就是過去的現在。因此，只要我們清楚了解與掌握現在這一刻，就已包括了三世因果的現象。否則追問過去和未來，既對現在無補，對未來也無益。現在有好運，一定是在過去曾種好的業因，現在有厄運，一定是由於過去所造成惡業的結果。命運掌握在自己的的手中。

相信有神識的三世因果

在今生之前，必有無始的過去世，又稱累劫。在物質的肉體外，必有精神或神識的遷流。如果像唯物論一樣認爲，人死如燈滅，除物質外，沒有精神，會使得生命的態度不負責任，並爲自己利益不擇手段而犧牲他人。

爲了對於個人的未來有所寄託，並有努力的方向，相信有神識的三世因果最安全。而全體人類若都能接受神識的三世因果，便可完成共存共榮。否則的話，造如是因，必得如是果，善惡不分，利害互見，便會造成未來世界的動亂與不安。

（李蓉生　攝）

Question

37

眞的在劫難逃嗎？

有人透過算命、占卜時，出現有劫數、劫難時，人們總是希望能找到方法化解災難。而大眾面對民間傳說的在劫難逃、在數難逃一說的天災人禍，往往也只知無法逃避，而不知如何超脫。

勿假藉替天行道行惡

有些人基於在劫難逃、在數難逃的觀念，認爲殺人魔王的出世或恐怖分子的出現，似乎也有道理，誤以爲命中註定被殺的人，需要透過他們來了結恩怨，否則善惡因果報應之說就無法完成。這種說法必須更正，既被稱作魔王，即是造罪而非「替天行道」的執法行爲，唯有自然災變無從抗拒的劫難，始爲「天數」。恐怖分子既名之爲恐怖，表示會爲國際社會帶來恐慌危機，以暴制暴的方式必定殃及無辜民眾。不論是魔王殺人或恐怖分子攻擊，這些行為都在造危害世間的惡業。

佛經只有說火、水、風等自然的劫難，沒有說由魔或魔的代理人來執行眾生的惡報。因為被魔王殺的人，雖然很可能是罪有應得，但也可能是魔王的一時憤怒，或惡人的偏激，會促成更多人假藉「替天行道」名義而塗炭生靈。

修行培福避惡因

眾生為了逃避劫數，必須修學佛法。與其只畏苦果，擔心難逃劫數，不如修行培福避惡緣。面對災難，最好的消災解厄方法是面對、接受，心中沒有抱怨和指責、委屈，並能進一步地去惡向善，廣種福田，修學佛法，發菩提心，求成佛道，如此不但隨緣消舊業，不再造新殃，更為未來種下善的因，未來即可免遭受劫數之難。

Question
38
什麼是人成即佛成？

太虛大師曾主張：「仰止唯佛陀，完成在人格，人成即佛成，是名眞現實。❶」佛陀出現在人間，是以人類為主要的攝化對象。近世以來，中國佛教所有的大師們，也都提倡以人為本的佛教精神，如太虛大師主張「人成即佛成」的人間佛教，東初老人倡辦《人生》月刊等。

佛教是人的宗教

佛教是人的宗教而不是神的宗教，佛教的學佛方法，教人從人的本位，踏實修行起，所以佛陀在世時，不仰賴神通度化眾生，並避免人們將修行者神格化。佛眞正的大修行者，必定以凡夫的身分自許，否則很可能成為鬼神與魔道徒眾。佛陀是具有父母所生身的人間身的佛，是人性本位的佛，是人格健全的佛，所以「人成即佛成」。

人生佛教以人為本

如同東初老人所肯定的人生佛教：「佛是由人成的，人能信佛學佛，必能成佛。」「佛降生在人間，成佛在人間，三藏十二部經典，都是爲拯救人類而說。」「大乘佛法的淨土觀，娑婆即淨土，煩惱即菩提，乃至心淨故國土淨，是要我們不離開人間，要以人爲本位，以入世爲第一義諦。」

既然成佛在人間，所成的自然是人間淨土。而我們要建設人間淨土，必須先提昇人的品質。如果我們不提昇自己的人品，不能用佛法體驗「娑婆即淨土，煩惱即菩提」，即使想進入他人的人間淨土，恐怕也會不適應。

每個人在人世間，都有多重的角色需要扮演，以及該盡的責任。我們要先扮

（李宛蓁　攝）

演好自己的角色。先善盡自己的家庭責任，慢慢再擴大至工作責任、團體責任、社會責任，包括做爲地球公民應盡的責任。這些看似一般人都會盡的責任，其實服務的對象，便是菩薩所要成就的衆生。成就衆生，並非只是誦經、念佛迴向，而是需要我們身體力行去利益衆生，共同建設我們的人間淨土。圓滿人間淨土，自然圓滿成佛。

❶原文出自太虛大師未完成的著作《即人成佛的眞現實論》：「仰止唯佛陀，完就在人格，人圓佛即成，是名眞現實。」其中的「完就在人格，人圓佛即成」傳誦成「完成在人格，人成即佛成」。

4

信心堅定不迷路

Question
39

如何避免被邪教糾纏不清？

佛教徒尊重所有的宗教，也包容其他的宗教。但是，尊重與包容不同的信仰，並非是認同他們而改變自己的立場，更不會改為皈依其他宗教。

不要以身涉險

但是佛教徒在接引人學佛時，由於面對來自四面八方不同背景的人，不但可能遇到很多附佛外道，甚至也會遇到邪教。熱心助人的佛教徒，原本可能想要幫助對方轉邪歸正，一不小心可能反而會迷途難返。由於不清楚邪教的組織情況，最好不要以身涉險進入邪教組織內勸人信佛。除非對方主動求救，希望能脫離邪教成為正信的佛教徒，不然最好也不要直接當面批評對方的領導人、組織和觀念，以免對方發生不理性的行為。

（李蓉生　攝）

不應逼迫人改變信仰

基本上，歷史發展悠久的宗教，都會有具公信力的教義與團體組織，如果已告知對方自己是佛教徒，基本上不會逼迫人改信他們的信仰。但是積極傳教的新興宗教與附佛外道很多，有時很難確定是否爲邪教，甚至可能會說他們也信仰佛教，鼓勵人參加他們的禪坐共修或公益活動。

避免被邪教糾纏不清的方法，就是不留下個人通訊方式給對方，不參加他們的活動，自然也不將他們的文宣轉寄給親友。最好不要因爲一時好奇參加活動，或是爲勸說對方改信佛教而留下聯絡方式，如果已明確做拒絕，對方還是經常寄送教內刊物，甚至登門拜訪，可以告知對方的行爲，已對自己的生活造成困擾。雖然〈四弘誓願〉說「眾生無邊誓願度」，但因爲對方誤信邪教，一時之間可能無法讓對方轉念，所以這樣的作法，並非不慈悲，而是不濫慈悲，不做濫好人。

Question

40

如何防止拜怪力亂神者爲師？

學佛不一定要找名氣很大的「名師」，但是一定向具有正知見，具德行的「明師」學習，才不會誤信怪力亂神，一盲引衆盲，步入歧途猶不自覺。

勿信邪師修邪道

有許多修行者自稱爲一代宗師，卻是妖言惑衆，顚倒黑白，混淆視聽，廣收徒衆以虛張聲勢，如果不加明辨，即很可能將有名的邪師誤以爲是明師。邪師會誤導人心與修行方向，如向他學習邪法、邪說和邪術，不僅不能開拓人生境界，反而會對自己造成傷害。

雖然沒有人會承認自己是邪師，但如果本身性格不穩定、情緒反覆無常，或

（釋常護　攝）

貪財好色，行爲不正，顯然非明師；或雖然待人仁慈，但仍有狂慢性格者，也非明師。《大智度論》的「四依法」可爲尋求明師的參考，不但能避免誤信怪力亂神，即使不幸遇到邪師，也能及時回頭。

以四依法確認

1. 依法不依人：明師不以自我爲中心，也不以特定的某一個人爲權威，是以共同的原則、規律爲依準。佛法是因緣法、因果法，如果老師說法違背此法則，即非明師。因爲因果法是要我們對自己的行爲負責；因緣法是教我們對一切的現象不起執著心。否則，即使大衆尊其爲聖人，也和邪師無別。

2. 依義不依語：凡是眞正的法則，一定放諸四海皆準，古今皆同，不會因民族、地區、文化等背景的不同而有差別。如有宗教禁忌，或語言神祕，皆非正法。正法注重義理的相通，而不拘泥於語言上的相異。例如佛教徒重視梵文、巴利文，只是爲考察原典以追求原義，並非梵文和巴利文具有特別的神力。

3.依智不依識：智是聖人的智慧，是從無我的大悲中產生。因此，凡含有自我中心，不論是大我、小我、梵我和神我，個別的我與全體的我，都不能產生眞正的智慧，因此仍屬於知識及認識的範圍。與此相違，即非明師。

4.依了義不依不了義：了義是無法可說、無法可執、無法可學、無法可修，也無法可證。正如《六祖壇經》所說的無念、無相、無住，以平常心過平常生活，自利利他，精進不懈。

根據以上四點標準，我們可以很容易地判別，誰是明師？誰非明師？日積月累，縱然不得明師，自己也能成爲修行明眼人。

Question

41 可以用神通或捉鬼治療業障病嗎？

很多人被怪力亂神吸引的理由，是因爲面對群醫束手無策的怪病或重病，怪力亂神教徒卻說其教主能顯現神蹟治癒業障病，讓人從此無病一身輕。因此，不惜傾家蕩產捐獻錢財，成爲狂熱的信徒。

治病不能違背因果

生病必然有其原因，病因包括身體、生活及環境的種種原因，再加上自己在過去世帶來的業報，是其主要的病根；如果只看到這一世的原因，往往無法把病因解釋得很清楚，因此，必須追溯到前一世或更多的過去世所造的業報。面對莫名其妙的怪病，看遍醫生也治不好的「業障病」，若用神通或捉鬼來治病，便違背因果的原則。

面對果報、接受果報、改善果報

不論所得的是哪一種病，病因是什麼，在心理調整上，最好能先讓患者的念頭轉向光明正念，不要怨天尤人、害怕逃避或恐懼不安，要心平氣和地面對疾病，該治療就治療、該吃藥就吃藥、該怎麼做就怎麼做。面對果報、接受果報、改善果報，這才是最好的治病之道。

有業障病的人，最好能讀誦佛經，禮拜諸佛，懺悔罪業，常行布施；修慈悲觀，發菩提心，願度一切眾生，盡心盡力，自利利他，多造福業，廣結善緣，增長智慧，開發心地。透過修慧，心開意解；透過修福，轉化因緣；透過懺悔，化解業障。由於能眞誠坦然受報，不論業障病是否能得到痊癒，至少心是健康無病的，能讓自己與身邊的親友得到安定的力量。

（李蓉生　攝）

Question

42

可用鬼神力量拯救地球嗎？

我們是人類，面對人類的生存環境問題，應當以人類的方式及人的標準，由人來處理人的事務。

不能混淆人類世界的秩序

人類的社會，要依人的因緣、因果而運作，如果借用神鬼靈力幫助，化解颱風、地震、海嘯等天災，甚至是扭轉生態浩劫，暫時看似得到幫忙，但是從遠處來看，其實是混淆了既有的秩序、規則，反會帶來更多的麻煩。明明是人類的事，卻請鬼神來處理，人類世界不就變成了人、神、鬼不分的世界嗎？我們雖然敬重鬼神，但是要保持距離，以免為人類的身心環境，帶來困擾。

共同推廣環保改善共業

人類世界有「共業」，也有「別業」，屬於個人的因果是別業，屬於大衆共同大環境的因果是共業。不能使用特權或非自我努力的方式去改變既定的共業，更何況是使用鬼神力量呢？如因暫時的利益，而造成整個社會因果的錯亂，必會遺禍於未來。因此，我們應該透過推廣心靈環保、生活環保、禮儀環保、自然環保的四環方法，共同建設人間淨土，才能如法挽救地球浩劫。

Question

43

風水地理與占卜算命可信嗎?

當一個人遇到挫折、困擾，而缺乏宗教信仰支持，或是以自己的智慧無法解決，也找不到他人協助解決時，可能就會去算命、問神、求籤、卜卦。

防不勝防，因小失大

雖然風水地理、占卜算命，都自有其道理，但不可事事遷就它們。即使算命師向人預告何年何月防水、防火、防盜、防血光、防破財，但這些凶險之事難道平常就不必防範嗎?不但天天要防，而且防不勝防。

過於依賴方術趨吉避凶，做什麼事都要看日子、對方位，不但會弄得自己緊張兮兮、疑神疑鬼，並造成親朋好友不便，人際關係也容易不和諧，實在是未蒙其利，先受其害。時時小心是應該，因擔心而算命則不必。

因此，算命只能當作參考，不要依賴、迷信，如果每件事都要算個命，反而會造成生活的困擾，無法開發內在的智慧去面對困難。自己的命運，要靠自己的毅力、努力來主宰，未來就掌握在自己的手中。

不要活在懷疑中

要消除對人生的徬徨疑惑，我們自己必須先建立一個正確的生活方向與處世態度，才不會總是活在懷疑中，整天疑神疑鬼。而其中的關鍵就在「相信」二字，也就是相信因果、相信因緣。

相信因果，就會相信不該自己倒楣時，不會有事，生活會愈來愈踏實。相信因緣，就會相信只要自己小心謹慎、努力促成好的因緣，生活環境便可改善；如

（釋常護　攝）

果未遇良緣，可以自己努力培福促成。

雖然一個人的福報、壽祿在出生的時候，大致上就已經決定了，但並非固定不變的。只要我們再加以努力，改過遷善、布施、持戒，與人結善緣，因緣即有所改變、有所改善的。相信因果、相信因緣，就能活出平安自信的人生。

Question

44

夢見觀音菩薩託夢怎麼辦？

夢見觀音菩薩，可能是用功修行所得的感應瑞像，日有所思，夜有所夢；也有可能是護法或鬼神化爲觀音菩薩身形，有事相託；但更可能是自己的妄念所現，對修行境界有所期待。

依法不依人

觀音菩薩託辦之事，若是自己本就應該盡責盡分做的，符合佛法的因緣、因果，便可隨緣而行，完成後心無罣礙。如果所託之事，不合佛法與常理，自然必須依法不依人，要持守佛戒而行。

修行最重要的是修心，而修心最安全的方法，即是依著佛法調心，保持平常心。如果因爲夢見觀音菩薩託夢辦事，心中沾沾自喜，自以爲已經超凡入聖，以爲修得神通可代佛菩薩行道天涯、普度衆生，這種增強自大、自傲的心態，恐怕反會誤入魔道，最好夢醒即忘。

當下觀自在

見法即見佛，如《金剛經》說：「若以色見我，以音聲求我，是人行邪道，不能見如來。」見觀音菩薩也是如此，若是不能與觀音心相應，所行自然非觀音行。如果發現自己一直對夢境心有罣礙，或煩惱自己能力不足爲觀音菩薩辦事，或擔憂是天魔假化觀音顯聖，不妨爲自己誦念《心經》，體驗「遠離顚倒夢想，究竟涅槃」，讓自己當下觀自在。

Question

45

可以花錢買功德嗎？

民間信仰或附佛外道常會勸募功德金，或爲歷代祖先買功德轉生善道，或爲超薦家宅鬼神保平安，或爲陞官求財消障礙。是否眞能因花錢買功德而消災除障，很難論定成效，所以容易引發詐財紛爭。

一般人經常把功德和福德混爲一談，以爲捐款、奉獻服務他人、行善等作爲就是做功德。其實那是福德，而不是功德。福德可以透過慈善捐款做布施，但是功德是買不來的。

福德就是福報

《景德傳燈錄》曾記載，梁武帝到處建寺、寫經、供僧，自以爲功德很大，達摩禪師卻說：「沒有功德。」

梁武帝為佛教付出的貢獻，確實具有廣大的福德，然而並非功德。所謂的福德，即是福報。福德的果報不出三界，可在六道裡面享福，例如可擁有財富、名利、地位、美好的環境，諸事順利等，所以佛教鼓勵人廣種福田。但是不管有多大的福報，至多也僅止於天界，並不能出離六道輪迴。

功德是清淨圓融的智慧

如何才是真功德？達摩禪師說：「淨智妙圓，體自空寂，如是功德，不以世求。」六祖惠能大師說：「自修性是功，自修身是德。」功德是清淨的智慧，能達到空寂無我的境界，所以無法為自己貪求而得。由此可知，功德不是有相的財施、修橋鋪路等善行，而是不著相，出離一切相的。

只要能夠修持戒、定、慧，修一切善法，戒除貪、瞋、癡，斷一切惡法，這就是無形無量的功德。功德可以讓人了脫生死，超越三界六道。福報是有限的，功德卻是無量的。功德無關財力的多寡，只要能以清淨心修學佛法，行菩薩道，自能成就功德海。

（李蓉生　攝）

Question

46

誤信附佛外道而謗佛、謗法、謗僧怎麼辦？

毀謗佛、法、僧三寶，確實是會墮入地獄的重罪，但是眾生皆有佛性，如果知錯能改，懺悔前過，坦然受報，無礙清淨佛性。

謗法轉為護法

佛陀的弟子們在隨佛學佛前，皆非佛教徒，可能因隨外道老師修外道法，而批評佛陀與佛法，甚至對僧團不敬。佛教傳入中國後，許多儒家學者也誤以為佛教是迷信而毀謗三寶，例如蕅益智旭大師，便曾懺悔：「旭十二、三時，因任道學而謗三寶，此應墮無間獄，彌陀四十八願所不收。善根未殞，密承觀音、地藏二大士力，轉疑得信，轉邪歸正。二十年來力弘正法，冀消謗法之罪。」

印度在五世紀的無著菩薩與世親菩薩兩兄弟，是印度大乘佛教瑜伽行派的創始者，兩人原本都是修學小乘佛教，但是哥哥無著菩薩覺得所學不足，發現大乘佛教才是眞正自利利他的佛道，所以開始宣講大乘教義，弟弟世親菩薩卻因此誤解哥哥，而批評毀謗大乘佛教。後來世親菩薩聽聞大乘佛教義理，發現自己犯了謗法重罪，決定割除舌頭謝罪，但哥哥勸他以爲眾生宣講大乘佛教來懺罪。從此以後，世親菩薩積極宣揚大乘佛教，還被尊爲「千部論師」。

因此，毀謗三寶的最佳懺罪方法，就是由謗法轉爲護法。

不批評三寶

然而，在修學佛法的過程，我們還是要留意自己的思想言談，是否有心無心批評三寶。佛法有八萬四千個法門，不能因我們自己所知有限，便隨意評比教派法門高下。特別是不能批評僧人，因爲這不但會使信眾動搖信心，而且我們沒有了知實相的智慧，所以佛弟子不能談論僧人過失。

面對現代媒體的快速流布，很多新聞未經確實查證便被流傳，我們對於自己的言談舉止更應留意，以免不經意便在閒談中毀謗三寶，障礙他人信佛、學法、敬僧的因緣。

Question

47

禪坐靈動是鬼上身嗎？

有的學佛新手因見一些附佛外道所教的禪坐，常有氣動、靈動現象，或是產生自發功，而感到害怕。因爲見到那些人無法控制自己的身體，看起來好像鬼上身一樣渾身顫動、彈跳，或打手印、念咒語，擔心自己學禪坐可能會招惹麻煩，所以不敢參加禪修課程。

靈動不是特異功能

其實，並非每個人禪坐都會發生氣動情況，靈動的狀況更是少數。氣動是身體自然調節的現象，所以不用擔心。靈動則通常發生在帶有神經質、敏感體質者身上，或是期待禪修有特別境界者也會出現。當人對修行有期待心、恐懼感或神經質，就容易讓靈體乘虛而入，而讓身體出現手印一類的一些動作。但這不是自己的自我意識在控制的行爲，而是被靈體操作身體的動作。

透過靈動，也可以產生靈感，即是一種靈力的感應，能讓你聽到別人聽不見的聲音、看到別人看不見的畫面。這種靈力感應，可能是眞的，也可能是假的，但並非是特異功能，而只是透過靈力的媒介傳遞。

禪修的目的是爲讓人生死自在，心無罣礙，如果接受靈力的操控，將本末倒置，不但身心無法自主，甚至會影響日常生活行爲。

見怪不怪，其怪自敗

靈動在初期發覺時，很容易控制，只要告訴自己不要被靈力支配，身體不要跟著靈動即可。如果心裡感到不安心，也可以默念〈三皈依〉，堅定自己皈依佛、法、僧三寶的信心。如果被靈力提供的訊息或力量吸引，繼續接受來自靈力的命令，久而久之，就會變成靈媒。

（李東陽　攝）

打坐會有身心反應，是平常事，無所謂好壞，當成幻覺處理是最安全，見怪不怪，其怪自敗。禪宗的修行經驗是非常清淨的，即所謂「魔來魔斬，佛來佛斬」。初學坐禪者如果無法判斷異常經驗眞假，最好都當成幻覺，或是直接請教法師，最爲安全。

Question

48

佛教如何看待預言？

古時有先知、祭司、巫師等，用符術、咒語或卜卦預知未來；也有人是天生「陰陽眼」，可以看到異象；或有人能把自己的身體當成通靈「工具」，傳遞來自靈界的訊息。如此功能的人，在原始人類中已有。現代民智開發了，但對未知世界的「謎」，仍然無解。

自圓其說的預言

這些謎，包括天候、健康、災難、人與人、人與自然的互動等。種種災難或狀況，可能因人類一時找不到原因，預言家或通靈者就出現了。雖然這類預言多半不正確，還是有許多人深信不疑。也有的是事後的解釋，只要能自圓其說、言之成理，就會有人相信。

其實，即使有能力與靈界打交道，預言也大半不準，因爲因緣變化不定，通靈者看到的是某個時刻景象，如果因緣不停改變，隨著時間發展，之前所說的預言可能失準。

不要信以為真

當一些政治人物、地震、外星人的預言出現時，通常只是推測或想像，除了增加茶餘飯後的聊天資料外，對於我們的實際生活，不會產生幫助。一般人若相信預言並且加以渲染、傳播，那就變成了謠言，使得人心惶惶。如《法句經》所說：「是以語言者，必使己無患，亦不尅衆人，是爲能善言。」話語能助人，也能傷人，不確信的道聽塗說，無益於人。

我們聽到新的預言出現時，可以把它當成趣談的話題，卻不能信以爲眞。

Question

49 眞的有世界末日嗎？

基督徒口中宣說的世界末日，是指上帝降臨的時候，人們會接受上帝的審判。信仰主的人，會被接引至天國獲得永生；未信主的人則全數淪入煉獄，永遠受火焚燒。這是基督徒們的世界末日觀。

不必杞人憂天

佛說世事無常，無常就是變化。世間事物，無不是在不斷地生起、改變、消失的自然律中進行，不論何種事物聚會一處，都只是暫時的假象。就整個宇宙來看，我們的世界是在不斷地成、住、壞、空的過程中循環不已；根據佛經的推論，我們現在居住的地球，是在「住」的階段。

從科學的觀點來看，太空物理學家認爲，現在的地球還很年輕，所以人們不必對世界末日的來臨杞人憂天。雖然地球何時會壽終正寢，我們還不用擔心，但以人類目前的能力，要毀滅地球是很有可能的。

不自製世界末日

然而，有愈來愈多國家擁有核子武器，如果一旦爆發全球性的核子戰爭，便是自製世界末日，自尋毀滅。只有當人心和平，世界才有可能和平。因此，推動心靈環保，刻不容緩。

另外，人類專注於經濟發展而忽略環境保育，如果再不努力維持自然生態的平衡，物種資源、森林資源、水資源、土壤資源等都會受到嚴重破壞，氣候的異常變化，也會影響人類生存。異常天災與人爲破壞息息相關，需要我們用心尋找眞正的解決之道，不迷思於怪力亂神之說，否則只會讓地球提早毀滅。

（吳瑞恩　攝）

就佛教徒的立場來說，如果希望地球能夠長壽，便要對我們居住的環境有慈悲心；除了對人類有慈悲心之外，也要盡可能讓其他一切物種都有生存下去的空間。能夠如此，世界末日便不會提早來臨。

Question

50

佛教徒如何面對末法時代？

佛經將佛教法運分爲三期，即正法、像法與末法。佛陀住世的時代，稱爲正法；佛陀涅槃之後，只有佛像爲代表，稱爲像法；之後，則是末法。末法時代，信佛的人數漸少，修行的人數更少，修行證道的人則已沒有了，最後佛法便被世間的邪說和物欲所淹沒，縱然尚有佛經，也無人信受奉行。

人心單純，易證佛法

末法時代，是佛法力量薄弱的時代，因爲修行佛法、實踐佛法的人與誤解佛法的人不成比例。正法時代人心單純，接受佛法後，即能認眞實踐佛法，所以容易實證佛法，得到解脫。末法時代的人心複雜，希望能夠快速成就，快速成佛，所以有的人一得到少許身心反應，便以爲開悟成佛，成立宗派，自封教主，使得

（釋常護　攝）

邪說盛行，佛教衰微。

活於正法，死於末法

然而，縱然是處身於末法時代，也不必絕望。因為佛教雖有末法時代，但我們只要努力不懈，可由末法時代的環境，進入像法時代的環境，乃至於正法時代的環境。我們可不以時間來估算正法或末法時代，勉勵自己聽聞佛法就實踐佛法，即為活於「正法」，如果聽聞佛法卻不實踐佛法，即為死於「末法」。如同《華嚴經》所說：「若人欲了知，三世一切佛，應觀法界性，一切唯心造。」

因此，只要我們對佛法有堅定的信心，用功修行佛法，不迷失於怪力亂神，一定能延續佛教的生命力。

學佛入門Q&A 12

怪力亂神50問

50 Questions on the Supernatural and Superstition

編著	法鼓文化編輯部
攝影	李宛蓁、李東陽、李蓉生、吳瑞恩、張繼高、鄧博仁、釋常護
出版	法鼓文化
總監	釋果賢
總編輯	陳重光
編輯	張晴、林文理
美術設計	和悅創意設計有限公司
地址	臺北市北投區公館路186號5樓
電話	(02)2893-4646
傳真	(02)2896-0731
網址	http://www.ddc.com.tw
E-mail	market@ddc.com.tw
讀者服務專線	(02)2896-1600
初版一刷	2017年5月
初版三刷	2019年4月
建議售價	新臺幣180元
郵撥帳號	50013371
戶名	財團法人法鼓山文教基金會—法鼓文化
北美經銷處	紐約東初禪寺 Chan Meditation Center (New York, USA) Tel: (718)592-6593 Fax: (718)592-0717

法鼓文化

國家圖書館出版品預行編目資料

怪力亂神50問 / 法鼓文化編輯部編著. -- 初版.
-- 臺北市 : 法鼓文化, 2017.05
面；　公分
ISBN 978-957-598-747-3（平裝）

1.佛教信仰錄 2.迷信 3.問題集

225.8022　　106003643